LA RÉPUBLIQUE PARLEMENTAIRE

ESSAI TOUCHANT LA SCIENCE

DE LA STABILITÉ GOUVERNEMENTALE

CHEZ LES PEUPLES MODERNES

Dédié aux 8 Millions de Conservateurs Français

EN VENTE

CHEZ TOUS LES LIBRAIRES

Et chez M. CHAUTARD, Libraire-Editeur, à Nimes

Boulevart Saint-Antoine

PRIX : 60 c.

Par Un humble Roturier.

NIMES

DE L'IMPRIMERIE J. ROUMIEUX

Boulevart des Calquières, 10

1874

LA

RÉPUBLIQUE PARLEMENTAIRE

ESSAI TOUCHANT LA SCIENCE

DE LA STABILITÉ GOUVERNEMENTALE

CHEZ LES PEUPLES MODERNES

Dédié aux 8 millons de Conservateurs Français

Sous le règne du peuple Souverain, l'an 82 de la République, le 5 ventôse, au plus fort de l'inquiétude et du trouble du royalisme décevant.

L'auteur, citoyen Français, domicilié dans l'antique Némausa, parlant sans arrière pensée d'intérêt ou d'ambition personnelle, à tous ceux qui ces présentes liront Salut et Fraternité.

Messieurs les Conservateurs,

Je viens apporter mon faible contingent de forces
dans la lutte de deux puissances qui se disputent l'avenir :
le Progrès et l'Eglise, et prouver que ce n'est pas contre
les doctrines sacrées de cette religion que la nouvelle
société proteste, mais contre les tendances dominatrices
des disciples de Loyola, qui conspirent contre la sécurité
des états en cherchant à fermer la voie du progrès dans
laquelle les peuples commencent à vouloir marcher.

Je viens chercher avec vous les moyens les plus
efficaces d'améliorer le sort des classes laborieuses,
d'écarter les dangers de la mendicité ou du paupérisme,
de modérer les imaginations et essayer de trouver dans
une honnête liberté les remèdes aux maux qu'elle peut
guérir. Si je ne fais aucun bien, je ne ferai point de mal.
Aucune nation n'a encore péri par excès de lumières, ces
lumières fussent-elles même étranges.

Pourquoi vous occupez-vous de politique ? me dira-t-on. La réponse est facile : Puisque le gouvernement s'occupe de nous quand il faut payer les impôts d'argent et de sang, nous remplissons le plus sacré des devoirs en nous occupant de lui.

S'il est prouvé que l'homme ne peut se suffire à lui-même par ses propres efforts, qu'il faut qu'il vive en société, il s'ensuit que les hommes sont solidaires. La société est donc un corps ; si l'un de ses membres souffre, le corps doit s'en ressentir, la tête doit s'en occuper, à moins qu'il n'y ait folie comme à Bizance.

I.

Je voulais commencer cet ouvrage il y a quelques années ; mais j'avais l'esprit tourmenté par les horreurs de la guerre qui venait de finir et de la guerre civile qui commençait ; le bruit du canon mêlé à toutes les doctrines qui s'agitaient dans le vide, me fit un moment désespérer de l'humanité.

Cependant voyant que notre pays est la proie des ambitieux, que les uns demandent la royauté, et ne songent qu'à grever le public de lourds impôts, sans trop s'inquiéter de l'avenir. Que les autres demandent l'empire ou bien la sociale ; enfin, que quelques-uns ne savent pas ce qu'ils demandent, parce qu'il leur manque peut-être une place au banquet de la vie, j'ai pris la plume au milieu de ce combat moral, au milieu de la paix factice dont nous jouissons, de cette paix qui est plus tôt forcée que volontaire ; car je ne crois pas qu'une paix politique soit une paix d'amour fraternel. Personne n'oserait nier que l'attachement du peuple pour le gouvernement est le meilleur moyen d'administration. La France veut la république, il faut donc chercher à la faire connaître pour la faire aimer de tous.

Je ne parlerai pas des machinations et des complots qui agitent le haut de notre société, qui troublent le pays et arrêtent le commerce, de ceux qui ne verront le péril des hommes et des idées qu'après l'épreuve, de cette politique de lenteurs, de surprises et de régions inconnues. Je plaiderai la cause des déshérités de la terre qui demandent une goutte d'eau pour étancher leur soif, qui trouvent la société mal faite parce qu'ils manquent du nécessaire, en présence de ceux qui regorgent de toutes sortes de biens ; je plaiderai la cause de ceux qui ont le désir de travailler mais qui trouvent les ateliers fermés, je plaiderai la cause de tous les malheureux. Je sais bien qu'on qualifie de révolutionnaire tout homme qui propose une réforme utile, parce qu'on oublie que le mécanisme de notre législation a des rouages multiples qui peuvent être changés sans en détraquer l'ensemble, sans en paralyser le mouvement, mais je le répète, je crois accomplir un devoir en venant poser devant vous la tente sous laquelle doit s'abriter la démocratie et dénoncer les dangereuses menées des royalistes aux diverses couleurs.

Ces valets flatteurs représentent les derniers vestiges des clients de l'ancienne Rome, ils font croire à leur maître que l'on n'a pas à compter avec la multitude. Ils se contentent d'invoquer les inégalités naturelles : le chêne est bien plus grand que la fougère, leur disent-ils ; mais ils ne leur font pas remarquer que tous les deux tirent leur nourriture de la terre et que pas un ne pâtit quelle que soit sa taille ; le soleil ne se lève-t-il pas pour les grands comme pour les petits et la pluie ne féconde-t-elle pas les bonnes terres comme les mauvaises ? La mort n'arrive-t-elle pas pour tous pour témoigner en faveur de l'égalité et pour protester contre l'égoïsme et l'orgueil ?

N'avez-vous jamais remarqué ces plantes malheureuses qui croissent dans les fentes des rochers ou dans les crevasses des anciens édifices ? Elles soulèvent les pierres, elles croissent jusqu'à ce qu'elles aient obtenu ce qui leur manque : la lumière, l'air, la liberté ! Il en est de même de ces familles pauvres qui sont constamment privées des premières satisfactions matérielles : mal nourries, mal logées, mal vêtues, peu considérées par les autres hommes, semblables à cette eau convertie en glace qui par la froide température crève les conduites en fonte qui la renferment, parce qu'elle a besoin de dilatation, leur ventre crie sans cesse et leur cœur est disposé à haïr parce qu'ils sentent qu'on ne les aime pas assez. Pour comprendre combien ces questions sont sérieuses, il faut savoir qu'un seul arrondissement de Paris, le 18e, a sur ses contrôles 10,400 indigents, comprenant 3,408 ménages, ce qui, par rapport à la population, donne une moyenne d'un indigent sur quatorze habitants, sans compter un plus grand nombre de nécessiteux non inscrits. Le manque de travail et la cherté des vivres sont venus cette année augmenter encore la misère de la population indigente de cet arrondissement et de Paris tout entier dont le chiffre augmente tous les jours : tel est le bilan de l'entrée de l'hiver 1873-1874 ; heureusement qu'il existe des bureaux de bienfaisance et des sociétés philanthropiques pour adoucir de si grands maux ; mais cela ne suffit pas ; il faut relever le moral de ces malheureux en faisant entrer la bienfaisance dans nos mœurs et dans nos lois. On s'est contenté jusqu'à présent de les bercer d'espérances chimériques dans un monde meilleur et lointain, sans s'occuper d'eux ici-bas d'une autre manière, qu'en leur faisant l'aumône par de faibles secours. On leur raconte que la vie est un voyage ; mais je remarque que certains voyageurs ne manquent pas de se plaindre quand ils sont trop gênés et ne s'inquiètent pas si les voyageurs qui font route avec eux sont à l'aise comme eux. Heureux encore quand on n'en rencontre pas qui exigent la meilleure place.

Il y a trente ou quarante ans, les tiraillements des partis, les plaintes de ceux qui souffrent injustement, demeuraient circonscrits dans le domaine de la spéculation; rien ne passait dans les faits pour y prendre le caractère de la menace ; mais les hommes ont ouvert les yeux à la lumière de l'expérience, et si l'on ne cherchait point à satisfaire les besoins du peuple, si l'on ne s'empressait pas de mettre dans l'ordre les mécontents de tous les régimes, le trouble deviendrait encore plus grand.

En raison de l'état de choses existant, il en est résulté l'utopie, ce fantôme qui menace de tout renverser, nous dit-on.

Rassurons-nous, l'utopie n'est pas encore maîtresse du terrain, si elle devenait redoutable on la réduirait facilement au silence, car son audace se briserait devant cette force de la raison, qui empêche la civilisation de tomber dans la barbarie. Mais il reste la pauvreté, il ne faut pas fermer l'oreille à ses réclamations; ses gémissements ont une signification importante ; il serait impossible de pouvoir nier ses besoins réels ; nous croyons que la moralité publique a plus à gagner en l'étudiant qu'en la combattant.

Quelles que soient les réformes que je veuille proposer, n'oubliez pas que j'entends laisser à chaque individu sa responsabilité personnelle, ce qui est le plus beau titre de l'homme, et que la responsabilité personnelle implique la propriété particulière. Il est certain que par esprit de conservation l'homme s'attache plutôt à ce qu'il voit, à ce qui le nourrit, qu'à ce qu'il espère ; tous les discours s'effacent devant une question d'intérêt privé, de sorte qu'à travers les siècles, la société en tournant dans le même cercle, en modifiant ses lois ou ses espérances, a résumé sa vie dans ces trois choses :

la Propriété; la Famille; la Religion.

Ces bases de toute société sont indestructibles ; c'est peine perdue que de chercher à faire croire qu'elles sont menacées, il faut laisser cette crainte aux idiots qui entrevoient les jalons des partageux ; quant à nous, tâchons de nous rendre compte de leur immutabilité, calmons les craintes qui troublent les songes de nos contemporains et montrons-leur que la société n'est pas en péril s'ils veulent y mettre un peu de bonne volonté.

La propriété est un fait constant, universel, on la retrouve dans tous les pays ; c'est l'instinct naturel de l'homme, de l'enfant ; c'est là récompense du travail, trop souvent le résultat de l'agiotage, du jeu, de l'usurpation, du vol ; mais, que voulez-vous ? la société la consacre dans l'intérêt commun et universel. La propriété est donc un droit sacré.

De plus, l'homme, par ses facultés personnelles, possède diverses propriétés incontestables : ses facultés physiques et intellectuelles sont à lui, mais rien ne prouve qu'il fait mal quand il les fait servir au bonheur de ses semblables.

De l'inégalité des facultés de l'homme naît forcément l'inégalité des biens. Chacun s'enrichit selon qu'il est travailleur, négociant, prodigue, économe, bon spéculateur, mauvais joueur, honnête ou fripon ; seule, sa conscience l'approuve ou le blâme. Cette inégalité de biens n'est complète que si elle est transmissible par don ou hérédité.

Ceux qui ne possèdent pas, sont loin de chercher à détruire la propriété : j'en vois la preuve dans le désir de posséder qui se trouve chez les plus pauvres.

La famille est aussi une propriété bien plus sérieuse que la première, puisqu'elle n'a pour appui que la foi jurée et l'affection. Qui donc pourrait détruire la famille et nous empêcher d'aimer ?

La religion est le domaine de la croyance ; chacun peut avoir la sienne propre sans qu'on puisse la lui arracher. Les Kings, la Bible, le Koran, sont à la portée de tous pour y puiser des consolations, ou des joies spirituelles. Le champ de la théologie est si vaste qu'il ne devrait venir à l'idée de personne d'arrêter les pensées des athées et des sceptiques, ou d'étouffer la foi des croyants. La foi est insaisissable comme l'âme. Ne pas confondre la foi avec le dogme, la religion avec la domination temporelle et la direction au moyen des rênes de l'Etat.

Il est donc puéril de répéter à satiété que les bases de la société sont menacées.

Il est encore plus puéril de se refuser à marcher avec son siècle ; les hirondelles font leurs nids comme dans les premiers jours de la création, les bêtes ne progressent pas ; mais l'homme est perfectible. Si vous doutez de votre perfectibilité, lisez l'histoire de l'humanité et faites un essai sur vous-même : mangez et buvez comme un pourceau, livrez-vous au vice et à la débauche, puis après vivez dans la tempérance, occupez-vous à secourir les malheureux, faites du bien autour de vous et vous ressentirez la possibilité de progresser, au moral vous grandirez de jour en jour. Soyez parfaits comme votre Père céleste est parfait. J'ai nommé Jésus.

II.

La première chose qui m'a frappé, c'est de voir les propriétaires s'émouvoir devant le mot : Communauté ; une pierre qui tombe sur un monceau de serpents ne les ferait pas plus agiter. Cependant l'idée de la communauté ne nous est pas étrangère.

N'avons-nous pas la patrie, les biens nationaux, départementaux, communaux? Les mers, les rivières, les routes, les rues, les canaux, les promenades, les squares, ne sont-ils pas à tout le monde? Je dois dire que la propriété particulière ne pourrait pas exister sans les propriétés communes ; la nation n'a-t-elle pas à son compte la poste, les télégraphes, l'armée pour la défense du territoire, ses douanes pour agir comme un simple particulier vis-à-vis des étrangers, ses haras, ses manufactures, ses bergeries, ses vacheries nationales, ses écoles vétérinaires, son conservatoire des arts et métiers ; sa perception des impôts pour l'intérêt commun, ses dettes actives et passives, ses rentes garanties par l'Etat, c'est-à-dire par tous les citoyens? N'a-telle pas aussi le monopole des tabacs et des allumettes? Sa marine, ses arsenaux, ne sont-ils pas à tous ? Ses écoles polytechniques de cavalerie, son prytanée militaire, sa Légion d'honneur, sa maison d'éducation de Saint-Denis, les pauvres pédagogues, les professeurs des colléges, tout cela n'est-il pas à la charge commune? N'en est-il pas de même des établissements scientifiques et littéraires, des musées des facultés de lettres, de médecine et d'accouchement, de théologie, de droit ? Ses bibliothèques, ses conservatoires, ses archives, tout cela est à tout le monde, et jusqu'à sa police et sa gendarmerie pour faire respecter tout le monde à l'intérieur.

Il est donc certain que la propriété ne peut civiliser le monde qu'en donnant la main à la communauté ; seules, l'une ou l'autre ne pourraient exister ; c'est pourquoi il ne faudrait pas croire que parce qu'il faut nécessairement certaines choses en commun, il faille vivre totalement en communauté. Loin de nous cette pensée : la vie en commun éteindrait toute ardeur pour le travail et deviendrait la négation de la liberté humaine, détruirait l'initiative particulière, semblerait une institution à contre-sens de la vie monastique et impliquerait une discipline qui la rendrait impossible. Un effort en commun existe quand il faut éteindre un incendie, défendre son pays ; mais après cet effort, chaque citoyen reste lui-même, garde son moi qui se détache du tout.

D'un autre côté, puisqu'il nous faut vivre dans ce système mixte : chacun pour soi et Dieu pour tous, il ne faut pas être trop sévère pour les impuissants. L'homme ne vit plus du gland des chênes, la terre n'est plus inoccupée, les places sont prises ; cependant pour vivre dans le grand théâtre du monde chaque spectateur a un rôle à jouer, les lois naturelles l'obligent à trouver sa subsistance sous peine de mort. Que pensez-vous de l'homme qui n'a pas son champ, dans son champ, sa maison, dans sa maison, sa famille, qui n'a pour toute ressource que ses bras ? Croyez-vous que si la société l'exploite au lieu de s'intéresser à son sort, il n'en devient pas l'ennemi secret ? il faut reconnaître que les hommes naissent égaux en droits, ceux qui prétendent le contraire sont la cause de l'irritation des basses classes. Il faut que l'exercice des droits de vivre n'ait de bornes que celles qui assurent aux autres hommes l'exercice de ces mêmes droits.

III.

Les apprentis en économie sociale, luttent entre ces deux idées, à savoir : si c'est l'Etat qui doit prendre l'initiative de tout ou s'il ne doit s'occuper de rien.

Voici mon opinion qu'on n'accusera pas d'excentricité.

La possession particulière ne doit demander ses progrès qu'à l'initiative particulière ; mais il faut que les choses qui doivent être mises en commun soient dirigées par l'Etat, j'ose même dire qu'on peut agrandir le domaine des choses communes sans jamais supprimer la possession particulière.

On a cherché à corriger les effets de la propriété particulière ou de la communauté universelle par divers systèmes, tels que la réciprocité, les tarifs, ce qui est tout-à-fait impraticable parce qu'il est prouvé que les ouvriers à la tâche travaillent plus qu'à la journée et qu'ils sont assujettis à l'offre et à la demande, de sorte que les journées varient de prix, selon les ouvrages et les temps et se débattent entre les intéressés sans que le gouvernement doivent s'en occuper.

IV.

Voyons ce qui s'est passé sur les réformes à introduire ; étudions pourquoi tant de projets se sont évanouis en faisant peur aux conservateurs.

Les esclavagistes voulaient l'esclavage, mais non pas pour eux, ils le voulaient pour les autres ; ce système honteux va bientôt disparaître de notre globe ; l'arbitraire ne dure pas toujours.

Les seigneurs voulaient des vassaux payant la dîme, sacrifiant leurs sueurs, supportant la tyrannie. Les seigneurs ont vu leurs châteaux en flammes et leurs titres foulés aux pieds, quoique remplis de certains mérites.

Les utilitaires prétendaient conduire les hommes à la vertu par le chemin de l'intérêt ; ils astreignaient leur jeunesse aux habitudes laborieuses de la vie et leur âge mûr à la recherche du bien , comme si l'idéal touchait plus que le réel , en prouvant que la vertu est compatible avec l'égoïsme et expliquant tous les devoirs de la vie par la morale de l'intérêt personnel ; c'est par ces sentiments bâtards qu'ils sont devenus inutiles. Ils avaient imaginé une loi d'équilibre entre le mouvement et l'accroissement des populations et celui des subsistances et préconisé des moyens plus originaux qu'édifiants pour diminuer le nombre des naissances et ralentir la multiplication de l'espèce ; ils croyaient que la marche de l'humanité se réglait comme une pendule , ils ont voulu prouver la formule des destinées , ils ont frappé dans le vide comme le chimiste qui cherche la transmutation des métaux , le mécanicien qui rêve le mouvement perpétuel , le géomètre qui calcule la quadrature du cercle.

Les humanitaires prêchaient l'affection mutuelle entre les hommes par la solidarité et le dévoûment , mais ils n'avaient pas de règles fixes et ne changeaient rien à ce qui existe, ils ont prêché dans le désert et ne méritent pas une grande place dans le catalogue des déceptions que notre époque a vue naître et mourir; c'étaient des rêveurs de théories sans bases réelles , ni formules appréciables, des apôtres de la paix perpétuelle qui ne croyaient jamais à l'emploi de la force ; ils se bornaient à parler de fraternité sans songer aux devoirs qu'elle impose.

St Simon a parlé d'une association de producteurs par une doctrine exclusive que nul bon esprit en dehors du petit noyau de ses adeptes n'a eu ni le désir , ni la pensée de mettre en pratique ; et d'ailleurs certains sectaires avaient soin de se décharger de toute participation au travail ; naturellement la jalousie les a divisés et dispersés.

Charles Fourrier croit au travail par l'attraction ; il laisse l'intérêt particulier libre de se développer selon ses goûts ou ses aptitudes , il s'occupe spécialement de l'intérêt général : c'est ce qui a étouffé ses doctrines qui étaient d'ailleurs trop loin des idées reçues. On le prit pour un savant visionnaire ; ni l'aristocratie d'argent, ni l'aristocratie de naissance ne prirent garde à lui ; chez les petits et les prolétaires il n'eut que de rares lecteurs, et les uns et les autres étaient d'avis unanime sur l'impossibilité de la mise à exécution des merveilles semées dans ses volumes. Parce que Newton avait découvert la loi de l'attraction , Fourrier crut avoir découvert la loi de l'attraction passionnée, oubliant que si les conditions du milieu social dans lequel nous vivons, s'opposent au libre développement de nos passions, ce ne sont pas les passions qu'il faut accuser , mais bien la volonté de l'homme, quand elle manque d'énergie pour les maîtriser.

Robert Owen voulait créer une association manufacturière générale par l'état, en entourant les mauvais ouvriers d'ouvriers forts et vertueux , se gouvernant réciproquement par le cœur et la raison. Malgré ses sacrifices personnels, ses projets se sont évanouis, parce qu'il laissait aux ouvriers des droits trop étendus et l'empire aux mains des plus adroits ou des plus audacieux ; en sorte qu'il était plus embarrassé pour contenir les mauvais ouvriers que pour encourager les bons.

Pour appliquer les lois de l'amour, de l'attraction ou de la bienveillance , il ne faut pas seulement des idées ; il faut des faits, des lois, des règlements sérieux, qui soient praticables, sans rien troubler, sans rien bouleverser.

Les chartistes avaient l'intention de créer une organisation qui était à la fois politique , sociale et industrielle, mais qui enlevait à chacun sa responsabilité personnelle et sa liberté.

Cette singulière manifestation peut être bien comprise par ceux qui connaissent un peu l'Angleterre. En France nous voyons une démocratie qui a aboli tous les priviléges territoriaux , toutes les servitudes de la glèbe ; en Angleterre il existe une oligarchie à qui le sol est inféodé , qui sait se ménager le monopole des subsistances par le jeu des tarifs douaniers et tient les populations sous sa main de fer. Le chartisme n'était donc qu'un produit du régime manufacturier anglais. L'industrie collective dirigée par les grandes bourses au moyen de la vapeur attaqua les industries isolées , le travail des chaumières fit place à la grande industrie ; on déserta forcément la vie des campagnes pour le tourbillon des grandes cités.

La misère dans les campagnes, telle fut la cause des douleurs qui assiégèrent le monde industriel anglais ; les

2

vivres augmentèrent et les manufacturiers, menacés dans leurs bénéfices, songèrent à diminuer les journées des ouvriers en réduisant les prix du salaire , de sorte qu'il y avait des familles qui gagnaient à peine la somme suffisante pour les empêcher de mourir de faim.

Pour résister à une oppression de ce genre ; les ouvriers formèrent une ligue contre les manufacturiers ; ils tirèrent au sort ceux d'entre eux qui devaient passer à l'étranger , pour que ceux qui restaient profitassent du vide fait par le départ des autres , de sorte qu'on peut se figurer le sort de ces malheureux émigrants partant pour l'étranger sans argent et sans travail. C'est ainsi que les Africains abandonnent un membre de la caravane au lion affamé qui les dévorerait tous. Ces ouvriers émigrants ne peuvent que tomber aux mains des exploiteurs qui les compromettent souvent sans qu'ils s'en doutent ou bien s'ils ne peuvent résister à la faim et aux privations , ils se jettent dans les bras du vice et viennent peupler les prisons et les bagnes. On comprend facilement qu'il y a ici une grande lacune à combler : elle consiste à créer une sorte de dépôt de mendicité qui donne du travail aux bras inoccupés sans que ce soit une aumône humiliante, par exemple comme des fermes nationales pour empêcher ces dangereuses émigrations. L'Etat ne doit pas faire l'aumône, car il se trouverait bientôt des masses d'hommes qui abandonneraient le travail pour vivre à l'ombre de cet abus ; on aurait bientôt une loi des pauvres comme en Angleterre. Là, l'indigence y est reconnue comme un titre, et la charité est imposée à l'Etat comme une obligation, tellement que lorsque la paroisse cesse de nourrir ses pauvres, ceux-ci peuvent la faire citer devant les juges et l'y contraindre légalement. Tantôt c'est un indigent qui fait citer la paroisse, tantôt c'est la paroisse qui fait un procès à certaine famille qui lui déplaît et finit à force de chicanes par l'expulser de son sein. C'est un scandale social et une grande erreur économique qui inonde la grande Bretagne de pauvres qui font profession d'oisiveté et vont attendre tous les jours que la cloche sonne pour manger leur soupe et se coucher aussitôt. Ce régime ne pourrait nous convenir, parce que la nourriture de ces retraites n'est ni abondante, ni saine ; nous aimons mieux demander au travail libre ce que les Anglais demandent à la charité officielle.

C'est du milieu de ces complications que s'est élevé le chartisme qui aspire à devenir un parti plutôt politique qu'industriel, disant que le travail ne peut pas être la proie des maîtres et des despotes, leur but étant de faire élever les salaires par force. Donc le chartisme ne peut être envisagé que comme une sorte de jacquerie industrielle où les idées de révolution sociale, de je ne sais quelles doctrines subversives, font tous les jours des progrès ; c'est le calcul personnel qui domine dans ces révoltes, il occasionnera peut-être des ravages sociaux, car il manque à ce peuple une bonne éducation politique et sociale, il manque une institution agricole dirigée par l'Etat pour les mettre à l'abri de l'extrême misère et le guérir du vertige ou les privations l'ont porté.

Quelques économistes ont présenté l'association, qui a fait tant de bruit ; occupons-nous-en attentivement, quoiqu'elle ne puisse être utile qu'à quelques populations agglomérées dans une industrie particulière et qu'elle ne puisse jamais s'étendre aux campagnes.

Les socialistes veulent surtout l'association dans le travail et une répartition rétributive à chacun, selon son talent ou son savoir-faire ; mais les élans généreux sont détruits par le besoin qu'a l'Etat de s'occuper spéciale-ment de cette direction et de la distribution des emplois supérieurs ; il faudrait établir une hiérarchie qui exciterait la jalousie et amènerait l'hébêtement, tandis que chacun doit travailler et économiser sans s'occuper des affaires de son voisin.

A part la liaison gênante et incommode que l'on ren-contre dans le socialisme, il se présente d'autres diffi-cultés : si l'on associe les travailleurs entre eux, il semble qu'ils auront le moyen d'obtenir le capital qui se refuse de venir à eux, par le fait ils mettront un terme à la concurrence. C'est une erreur facile à prévoir, les capi-taux ne se donneraient pas plus à des ouvriers associés qu'à des ouvriers isolés : comme les porcs-épics, les capi-taux présentent leurs pointes hérissées, quand ils ne sont pas en face d'une garantie et qu'ils entrevoient le moindre danger. En ce cas les capitaux se retireraient donc sous terre, tous les travaux seraient suspendus.

Une autre école socialiste dit : Il faut alors supprimer lé capital ; créons un moyen direct d'échange à l'aide d'une banque dont le papier accordé à tout homme qui produit ne lui manquera pas. Malheureusement ces socialistes oublient que l'or et l'argent n'ont pas d'autre but, ils ont été créés pour faciliter les échanges et se donner à celui qui produit.

Il en est d'autres qui disent qu'on ne peut pas plus supprimer la concurrence, qui est la vie du commerce, que la monnaie; il y a un seul moyen, c'est le droit au travail. Ne voyez-vous pas d'ici la nation qui serait obligée de donner du travail quand même à ceux qui en demanderaient, de créer des ateliers nationaux dans toutes les localités, sur toutes sortes de fabrications, à moins qu'elle ne préférât faire opérer des travaux inutiles et improductifs ? c'est tout au plus si l'Etat peut créer des fermes agricoles dans lesquelles entreraient les ouvriers en chômage sous la direction d'hommes experts ; ces ouvriers seraient tout simplement payés comme s'ils travaillaient pour un propriétaire et pourraient être congédiés s'ils ne remplissaient pas leur devoir. Leur tâche d'ailleurs serait réglementée sur des bases équitables, ils ne deviendraient jamais les bêtes de somme de l'établissement ; ceux qui resteraient un temps donné auraient, à part le gage assuré, des droits aux bénéfices nets de l'exploitation.

Les communistes exclusifs de toute propriété pensent que parce que les hommes seraient tous soumis au travail, leur système est le plus avantageux, tant sous le rapport des produits que sous celui d'une répartition plus équitable de ces produits ; que les hommes ne pouvant fonder leur bonheur que sur le bonheur de tous les autres hommes, ils seraient intéressés à conserver les choses communes ; mais ils n'ont pas remarqué que l'homme a son moi, sa bête, qu'il ne soumet jamais à un règlement rigide qui lui enlève sa liberté ; il y a malheureusement des âmes basses qui se plaisent à être dominées et qui se laisseraient diriger par les plus rusés ; c'est dans cette catégorie que se recrutent les lâches et les traîtres. La communauté sans la propriété ferait ouvrir les yeux sur de petits détails, on y verrait des scènes de galopins et des querelles dignes de l'enfer ; dans peu de temps on reconstituerait la propriété qui est réellement la poule aux œufs d'or.

V.

Je sais qu'il existe malheureusement des propriétaires, des marchands, des bourgeois, des négociants qui désirent qu'il y ait des pauvres bien malheureux, afin de les mieux exploiter en les employant à bon marché pendant de trop longues heures ; peu leur importe que ces gens-là pâtissent ; mais il y a bien compensation : de leur côté, les ouvriers savent bien demander leurs droits, un grand nombre d'entr'eux se font payer des prix très-rémunérateurs sans avoir recours aux grèves, c'est le résultat de l'offre et de la demande basée sur la liberté ; or, chaque fois que la liberté existe dans un marché quelconque, il n'y a rien à déduire ni à ajouter.

Indépendamment des réformateurs dont j'ai parlé , que l'on ne doit plus craindre, nous avons vu paraître des idées saugrenues et tout-à-fait piquantes que je dois citer ici pour atténuer leurs effets Certains écrivains , faisant partie du menu fretin de la politique, prétendent que rien de durable ne peut être réalisé, parce que les hommes boivent trop de vin , que c'est pour nous corriger de ce vice que Dieu nous envoie le phylloxera. Cependant les anciens buvaient du vin et les changements dans le monde avaient lieu comme aujourd'hui. Les destins et les flots ont toujours été changeants.

Quelques-uns affirment que pour être bon républicain l'homme n'est pas assez honnête. Que penseriez-vous si l'on vous disait que chez les royalistes il n'y a point d'indignités ? Ou bien encore, qu'on ne peut pas trouver l'équilibre, parce qu'on n'observe pas la loi du dimanche. Je ne vois pas en quoi cette infraction peut influer sur la marche politique d'un pays, quand il y a tant de gens qui ne travaillent pas la semaine ; c'est cette oisiveté qui serait réellement funeste. Celui qui a dit : Tu te reposeras un jour ; a dit aussi : Tu travailleras six jours. Si la loi est bonne pour le dimanche elle a aussi sa valeur pour la semaine, et naturellement ceux qui préfèrent vivre au dépens du public ne proposent jamais d'obliger les fainéants à travailler six jours.

Les plus exaltés croient que pour établir la république il faut s'appeler citoyen et non monsieur, qu'il faut changer l'almanach Grégorien par l'almanach républicain , pour n'avoir qu'un jour de repos sur dix. Cela n'est pas indispensable ; pas plus que d'orner les prétoires de déesses au bonnet phrygien, de boiser les villes de soliveaux tricolores, on bien de porter des cravates et des ceintnres rouges.

D'autres enfin proposent de placer une cuve au milieu de la place dans laquelle chacun verserait son argent et viendrait y puiser quand il en aurait besoin ; l'énormité de cette proposition m'exempte de tout commentaire ; ce sont les ennemis du progrès qui ont voulu se moquer de ceux qui demandent de nouvelles lois.

Oublions-les pour continuer l'étude des réformes nécessaires sur lesquelles nous émettons les vœux suivants :

Que la république parlementaire soit proclamée ; qu'on permette à tout le monde de s'occuper des affaires de l'Etat par le vote universel ; que ce vote soit ainsi pratiqué pour que l'influence de l'or que quelques candidats répandent soit détruite :

Chaque commune nomme un ou deux citoyens ; ces citoyens se réunissent au chef-lieu de canton, où sept d'entr'eux sont désignés pour se rendre au chef-lieu d'arrondissement. De là les votes envoient encore un nombre d'élus au chef-lieu du département. Au département les citoyens, trois fois élus, tirent au sort pour le choix des deux élus qui doivent aller à la chambre à Paris ; enfin les députés nomment le président de la République.

Les citoyens de chaque département, en tirant au sort pour nommer les députés, nommeront encore un ou deux citoyens par département pour surveiller la gestion des finances, ces commissaires feront leur rapport à la chambre, ils s'assureront si toutes les administrations de l'Etat sont gérées avec ordre pour qu'on ne voie plus, comme sous la période de l'usurpation impériale, le budget suivre toute autre destination que celle des votes de la Chambre, s'évanouir en fumée en laissant l'Etat sans défense quand le gouvernement le croyait bien armé.

La magistrature actuelle sera réorganisée. Bien que les magistrats soient incorruptibles, le moment est venu de ne plus les payer, de soumettre toutes les accusations et tous les jugements à un jury d'examen qu'on instituerait honorifiquement, après avoir créé des tribunaux et des cours honorifiques, comme la juridiction consulaire, ou celle des prudhommes. L'Etat y gagnera toujours ; il faut bien songer à faire des économies sur le budget afin de ne pas grever de plus en plus les contribuables, et puis l'inamovibilité n'est plus de notre époque.

VI.

Il est juste que tout le monde ait accès à tous les emplois civils et militaires : à bas les priviléges, à bas les faveurs ; que l'on n'ait égard qu'au talent et au mérite personnels.

Il est à désirer que l'Etat se débarrasse de sa lourde charge par la décentralisation de plusieurs branches d'administrations, en laissant aux préfets leurs coudées franches et aux communes leur liberté d'agir sans la tutelle du préfet. Si l'on veut se faire une idée des difficultés au milieu desquelles s'agite l'administration, on n'aura qu'à considérer que pour transporter dans un autre village un paysan qui meurt dans un village du même département, il faut la permission du préfet, comme si le garde-champêtre ou le juge de paix ne pourraient pas tout aussi bien donner cette autorisation ; de même à la Chambre on voit les députés occupés à déposer des pétitions de Collias ou de Brives-la-Gaillarde , comme si les affaires de l'Etat, l'équilibre du budget, le cadastre à refaire, le code à remanier, les lois à étudier sur le libre échange ne suffisaient pas. Il est à désirer que des établissements agricoles soient organisés sur une grande échelle, de manière à obtenir des productions pour alimenter nos marchés, la rareté des subsistances les ayant fait augmenter de prix (presque du double d'autrefois). On arrivera, si l'on n'y prend garde, à une misère profonde, inconnue jusqu'à ce jour, et l'on sait que là misère est une mauvaise conseillère. Il ne faut pas confondre cette institution avec les ateliers nationaux qui n'étaient qu'une aumône déguisée : le produit du travail était sans but utile, il n'avait qu'une durée éphémère qui ne servait qu'à appauvrir davantage ceux qui étaient obligés d'y avoir recours. Je sais bien qu'il y aura des ouvriers sans travail qui préféreront manquer de tout plutôt que d'entrer dans ces fermes, mais il y en aura assurément qui y entreront et cela les rendra tous plus heureux.

Comme professeurs, je rends hommage aux frères ignorantins, mais il est bon que l'Etat prenne à sa charge l'instruction publique, parce qu'il a intérêt à n'avoir que des citoyens instruits ; qu'il ne s'occupe d'aucun culte, pas même dans les écoles. Celui qui croit à l'efficacité des prières, femmes boiteuses qui marchent après les malheurs, peut s'adresser directement à Dieu sans se servir d'intermédiaires rétribués. La religion et l'instruction sont deux choses distinctes, et puis, quelle inconséquence, c'est le même trésor qui paye ceux qui devraient prêcher la paix, qui paye aussi ceux qui doivent faire la guerre. Celui qui veut des marchands de prières doit les payer; l'Etat doit être en dehors de cela, d'autant plus que l'enseignement supérieur dans les facultés de médecine enseigne que l'homme n'a point d'âme. Au contraire, l'Etat doit placer dans chaque localité où il y a un maire, un orateur jurisconsulte plus ou moins rétribué, pour que chaque Français apprenne ainsi gratuitement à connaître les lois qu'il est censé ne point ignorer. Cet orateur, dans un langage simple, pratique et concis, devra se borner à expliquer les devoirs en même temps que les droits de chacun, sans s'écarter jamais de la saine raison. Il ne fera pas entendre au peuple que la république est la négation de tout principe d'ordre, de paix, de modération, de conservation et de liberté, comme le font aujourd'hui certains prédicateurs en présentant les sophismes les plus écœurants.

Néanmoins, il faut que chacun soit libre en particulier de se livrer à toute espèce de cultes, sans gêner le public ; on trouve bien des personnes qui ont recours à la nécromancie, au magnétisme, au spiritisme, croyant pouvoir soulever le voile de l'avenir ; mais elles ne portent préjudice qu'à elles-mêmes, on peut les tolérer, tant que cela ne dégénère pas en corporations organisées en hiérarchie. Autrement il arriverait, ce qu'on a vu parfois, des guerres de religions où les gens se tuent au nom de Celui qui défend de se battre.

L'Etat devrait établir une loterie commune dont le produit serait recueilli au moyen d'une contribution spéciale, proportionnée aux fortunes et aux positions des citoyens riches ou aisés, pour les lots être répartis aux gagnants, quels qu'ils soient ; chaque citoyen ayant un numéro, en sorte que le plus pauvre qui n'y aurait pas contribué pourrait quelquefois gagner un lot : de cette manière l'indigent aurait une patrie, il serait intéressé au grand tout et nourrirait au moins l'espoir de posséder un jour un coin de terre. Je sais que les hobereaux de notre époque vont s'élever contre moi, je leur répondrai qu'on a bien fait d'abolir l'ancienne loterie du gouvernement, parce qu'elle était mal comprise, que l'ouvrier s'y arrêtait quelquefois pour y enfouir le pain de ses enfants, mais celle que je propose n'aurait pas les mêmes inconvénients.

Du reste, les loteries ne sont pas tant en horreur chez nous puisque le Crédit Foncier , la ville de Paris , le département de la Seine ont des titres à gros lots; la plupart des obligations des chemins de fer sont remboursables par tirages au sort à des sommes plus fortes que l'émission ; pour recruter l'armée, on se sert du tirage au sort ; les loteries ont l'avantage de faciliter la circulation des capitaux; la mobilité des fortunes crée l'aisance et le bien-être ; plus il y a de mutations de fonds , plus les affaires publiques vont bien. Les pays qui ont encore des biens de main morte sont les plus pauvres. A l'étranger on trouve des loteries partout : voyez le tirage de Milan, les lots turcs.

VII.

Pour décharger le budget, le gouvernement républicain doit réduire l'armée seulement jusqu'à ce que les cadres soient conservés, mais on doit instruire tous les citoyens dans l'art de tuer de sang froid ceux qui nous provoquent; du reste le contact dans l'oisiveté des casernes est pernicieux; on n'y entend que ceci : payes-tu la goutte? veux-tu boire la goutte? l'on voit des sous-officiers qui punissent ceux qui ne leur payent pas la fameuse goutte. Un orateur, dans chaque régiment, fera comprendre aux chefs militaires qu'ils ne doivent songer qu'à la défense du pays en cas d'attaque, attendu que la guerre ne pourrait se faire que par l'assentiment de la chambre des députés.

Ensuite l'Etat fera fabriquer lui même les vêtements et les chaussures comme il fait fabriquer les armes.

Un officier ne devrait être nommé que lorsque tous les officiers du même corps l'ont agréé. Il devrait en être de même pour les officiers supérieurs; de cette manière il s'établirait entre les chefs une confiance réciproque qui est indispensable pour gagner les batailles.

Ceux qui ne donnent pas l'exemple du travail , nuisent à l'intérêt général. Il sont à charge à la société, c'est le travail qui élève l'homme au rang des dieux, parce qu'il devient créateur et lui donne un contentement intérieur qui produit la joie sur tous ceux qui l'entourent. L'état doit donc soumettre les désœuvrés de tous sexes à des lois spéciales , car il est prouvé que l'oisiveté est la mère de tous les vices. Cette vérité a été reconnue par les moines qui ne se contentent plus de la contemplation des choses célestes , préférant exercer une industrie , un commerce comme celui des liqueurs ; ou comme les ouvroirs de certaines communautés religieuses. Je vous l'affirme , hors du travail vous ne pouvez trouver un mobile civilisateur ; chacun doit justifier qu'il s'occupe, sinon il doit payer une contribution spéciale de rentier ; s'il est impossible d'imposer les capitaux, il est très-facile d'imposer l'oisiveté.

Cette imposition n'est pas l'impôt progressif et n'arrive pas à l'annulation des fortunes. On doit la payer sans murmurer, car enfin lorsqu'on est nourri, vêtu et logé par la société, qu'on y jouit du bonheur indolent des Hindoux;

du sans-souci des Espagnols, de la fainéantise des Arabes,
de la quiétude stationnaire des Chinois, il est bien juste
de lui rendre le bien par le bien ; d'ailleurs, sans les
travailleurs, que deviendraient les fortunes ? A quoi servait cette société appelée des bras neufs qui avait pour
règlement de n'avoir jamais travaillé et de ne jamais travailler?

L'Etat devrait intervenir dans les mariages des jeunes
gens pauvres en leur faisant souscrire une assurance
sur la vie pour une faible prime qu'ils ne commenceraient
à payer qu'à la troisième année de leur union ; ce contrat
assurerait au survivant une somme pour ses mauvais jours
et habituerait ainsi les familles à comprendre l'im-
portance de l'assurance en cas de vie et en cas de mort ;
de telle sorte que ceux qui en retireraient les fruits et
ceux qui augmenteraient leur avoir par le temps et le
travail, viendraient souscrire plus tard des contrats importants; l'assurance sur la vie, garantie par l'Etat, est appelée à rendre des services incompris jusqu'à ce jour.

L'Etat devrait faire des saignées aux fleuves pour arroser
divers pays en faisant payer une cotisation aux intéressés;
on éviterait ainsi les inondations ; il devrait aussi boiser
les routes et les landes pour augmenter les moyens d'avoir
des combustibles et assainir l'air; il pourrait, dans certains
pays, faire l'élève des troupeaux, pour arriver à faire dimi-
minuer le prix de la viande qui est inabordable pour les
ouvriers.

Il serait établi dans chaque commune, chez l'orateur jurisconsulte de la République, un registre de réclamations à l'instar de ceux qui sont dans les gares des chemins de fer, pour que le public puisse y coucher ce qu'il désire, et tous les mois le conseil municipal examinerait les vœux exprimés. S'il les reconnaissait justes, il enverrait l'expression de ces vœux au préfet qui s'empresserait d'en demander la réalisation au gouvernement.

L'Etat veille sur les marchés, il fait jeter le lait falsifié, le vin frelaté, les fruits malsains, et il ne s'occupe pas des médicaments qui sont bien plus susceptibles de détérioration ou de fausses préparations. Il devrait prendre à sa charge toutes les pharmacies dans l'intérêt de la sécurité publique. Il n'est pas naturel qu'un industriel ne cherche pas son intérêt jusqu'à la limite des ordonnances ; je ne crains pas d'offenser cette catégorie de citoyens à laquelle je rends hommage, car elle est composée d'hommes honorables, mais un seul qui soit infidèle suffit pour que la réforme soit demandée ; et puis ce serait, je crois, une source de bénéfices pour le pays. L'Etat a bien reconnu que l'intérêt peut pousser l'homme bien loin, puisqu'il refuse d'admettre le témoignage des parents alliés, des domestiques et des employés qui sont cités comme témoins devant la justice et qu'il emprisonne comme vagabond tout individu qui ne peut pas justifier de ses moyens d'existence, ce qui ne le couvre ni de gloire ni d'honneur.

L'Etat devrait faire des arrangements avec les municipalités pour l'entretien des villes, de manière à obtenir l'abolition des octrois, dont tout le poids pèse sur les classes pauvres, qui sont obligées d'acheter leurs vivres au jour le jour ; l'Etat ne s'occupe-t-il pas de l'entretien de Paris au grand préjudice des contribuables de toute la France ?

VIII.

En dehors de ces réformes, il faut laisser les choses relatives à l'intérêt particulier aller leur train telles qu'elles existent ; nous voyons déjà que l'association par action peut produire de beaux résultats, puisque l'Etat, qui est associé avec les chemins de fer, deviendra propriétaire de toutes les lignes à un moment donné ; on fait toujours bien quand on mêle la propriété particulière à la propriété collective, car chaque individu reste pour sa part actionnaire ou obligataire de ces grandes associations. Devant cette utilité publique la propriété particulière s'incline sans que personne songe à la contester ; la propriété collective montre déjà sa supériorité sur la propriété isolée et tout le monde lui obéit par instinct.

De même que la propriété collective prime la propriété individuelle, la masse des citoyens prime toute dynastie, toute royauté, car il faut admettre que tous sont plus sages qu'un seul.

La richesse collective augmente la moralité publique, assure la tranquillité, les hommes deviennent meilleurs les uns pour les autres au fur et à mesure qu'ils sont plus heureux. Voyez si les malfaiteurs ne se recrutent pas plutôt chez les ignorants et chez les misérables que chez les favorisés du sort, qui se composent des rentiers, des agents à honoraires et à sinécures ; voyez si la société des portefaix de Marseille, qui gagne de gros revenus, a eu, de mémoire d'homme, un seul de ses membres qui ait été voleur. Les gens riches ne peuvent être qu'envieux des honneurs et je m'étonne qu'ils n'envient pas tous celui de rendre les autres hommes heureux. Il faut arriver à ce que l'ouvrier trouve un salaire suffisant en échange d'un travail raisonnable ; cette formule résume le vœu universel des hommes qui vivent de leurs bras. Toutes les fois que le salaire sera insuffisant, il y aura des plaintes ; car les ouvriers ne sont ni moins judicieux, ni moins aveugles que ceux qui les employent, et quand ils ne seront pas assez payés dans certaines industries, ils souffriront, tandis qu'avec le moyen que je propose, ils se verseront, en partie, dans les établissements agricoles de l'Etat ; mieux vaut donc aller au-devant des besoins que d'attendre que ces besoins se soulèvent. La fortune publique sera plus solide quand les pauvres ne souffriront pas trop ; il est facile de s'en rendre compte quand on pense qu'à Paris il y avait 50,000 individus qui se levaient le matin sans savoir où ils iraient manger. Or, le gouvernement qui se croyait intelligent, qui se croyait humain, a pu attendre sottement que ces ventres affamés eussent un jour des armes et du pétrole pour ravager la capitale. On les a vus par milliers couchés sous le feu des balles Versaillaises, préférant la mort à cette grande misère qui les accablait (Victor Hugo : *Année terrible*).

Si l'Etat avait eu la bonne pensée de mettre un registre de réclamations dans chaque Mairie, comme celui des gares, au lieu de se servir d'une police secrète ruineuse, il aurait eu une plus ample connaissance de la situation, il y aurait peut-être porté remède pour éviter tant de malheurs.

A quoi peut se porter l'homme qui manque de tout ? On peut s'en faire une juste idée quand on pense que les maisons de justice sont complètes l'hiver parce qu'il y a des misérables qui commettent à dessein des délits calculés en automne pour passer l'hiver en prison. Là, entassés pêle-mêle, ces malheureux se corrompent davantage par l'oisiveté et le contact de certains scélérats qui y fourmillent ; l'emprisonnement perd son caractère d'intimidation et devient un complot permanent contre la société ; là se forment ces bandes qui deviennent redoutables au dehors. C'est une armée secrète qui tient école des moyens d'escalade et d'effraction. Enfin la contagion les pousse d'abîme en abîme, tandis qu'on pourrait les faire entrer isolément dans les fermes agricoles comme domestiques des ouvriers, sous une sévère discipline. En les isolant, on ferait tomber la langue des bagnes ; cela vaudrait mieux que les cachots qui sont pour eux comme une tombe anticipée où ils sont victimes d'une action funeste à leur santé et à leur raison, où ils ne respirent que vengeance contre la société maladroite qui les a ainsi traités. Vous voyez que la Société se crée des ennemis en croyant se protéger.

Abolissez surtout la loi sur la surveillance. Vous désignez un domicile au surveillé sans vous occuper s'il peut y gagner sa vie ; vous l'obligez à commettre de nouveaux forfaits. C'est une loi inique ; mettez-les dans les fermes pour valets des ouvriers , vous ferez mieux.

IX.

En ce qui touche la famille il y a aussi quelques réformes à faire. Il a été établi que chaque homme doit être mari d'une seule femme afin de faire régner la pureté des mœurs, d'assurer la santé des familles et celle de la société toute entière ; tout le monde reconnaît cet état comme honorable et sacré; la famille humaine consacre toutes les obligations qui y sont imposées. D'où vient qu'on ne purge pas nos grandes villes de ces femmes de mauvaise vie qui vont recruter leurs clients sur les trottoirs? Pourtant, le tableau d'un petit crevé offrant son sourire à des filles perdues est un spectacle dangereux pour les bonnes mœurs. On a fait une loi sur l'ivrognerie et l'on n'en fait point sur la prostitution. Vite, des wagons, des bateaux !... dans les fermes nationales de l'Algérie on demandera des boulangères, des cuisinières, des couturières, des servantes. Un grand nombre de ces malheureuses pourront y trouver leur salut ; personne n'ignore que c'est la misère qui les plonge dans le vice et qu'ensuite la Société les repousse inévitablement. Elles peuvent dire que «l'honneur » est comme une île escarpée et sans bord: on n'y peut plus » entrer quand on en est dehors. » Déjà des âmes charitables ont établi des couvents de repenties et des retraites qui ont produit d'excellents résultats ; il en serait mieux encore dans les fermes de l'Etat où il y aurait des règlements pour faire régner la décence et les bonnes mœurs. Un grand nombre de ces victimes y trouveraient un refuge assuré pour leurs vieux jours et n'iraient pas peupler les maisons centrales de femmes, où l'on fait faire des travaux d'aiguilles peu rétribués , ce qui enlève le pain des ouvrières honnêtes, ou bien ces malheureuses n'iraient pas plus tard s'exercer pour vivre à perdre les jeunes filles, ce qui est une désolation pour les familles.

Pourquoi ne pas tenir en vigueur la loi sur le travail prématuré des enfants et ne pas rendre l'instruction gratuite et obligatoire ? Les familles pauvres ayant beaucoup d'enfants pourraient en faire entrer un ou deux dans les établissements agricoles, il y aurait les enfants de ferme comme il y a les enfants de troupe.

Le divorce pourrait être permis quand les individus, atteints de maladies ou d'infirmités héréditaires, auraient caché leurs vices rédhibitoires à leurs conjoints, on sacrifierait la liberté d'un petit nombre d'individus à l'intérêt de la race entière. Quoiqu'on en dise, la législation qui transgresse les préceptes d'hygiène et de

physiologie, est une législation incomplète ; si la perfectibilité humaine n'est pas un mirage, si le vice doit être un
jour effacé par la vertu, ce sera lorsque la masse des hommes envisagera la procréation comme une affaire grave et
non comme un acte de pure volupté, et que le gouvernement, en s'occupant de diminuer la misère chez le
peuple, fera disparaître cette crainte de procréer, qui
nuit à la population des états. L'histoire nous apprend
que les Romains ne pouvaient se marier sans jurer devant les juges que leur intention était de procréer. Plusieurs hommes d'état ont prétendu qu'un des éléments
de la prospérité des nations se trouvait dans la bonté de
leur code matrimonial. De laborieuses recherches faites
par des hommes célèbres dans la science, ont fourni la
preuve que l'ennui de la vie qui conduit au suicide et une
foule de tristes maladies, sévissaient particulièrement sur
les classes célibataires et si l'on recherche la cause des
immunités accordées au mariage, on la trouvera dans cet
heureux commerce du corps et de l'âme qui aide le couple
à supporter le fardeau de la vie dans le partage des peines,
des plaisirs, dans cet échange journalier de discussions, de
soucis pour les enfants, de soins empressés, de secours
mutuels, de zizanies, de tendres caresses, de douces consolations, qui font croire à la sainte amitié si rare de nos
jours et absorbent l'esprit pour le laisser tout entier au
service du ménage.

Pourquoi ne pas émanciper la femme puisqu'on éman-
cipe de droit la veuve qui a des enfants ?

Pourquoi laisser exister cette immoralité qu'on appelle la séparation de biens? Quoi , les époux vont devant l'autel promettre de partager le même sort , de s'aimer au jour de l'infortune comme au jour de la prospérité ; et puis, à un moment donné, la femme dit au tribunal : mon mari est un maladroit , il mange son avoir ; ou bien : il avait contracté des engagements croyant , que je viendrais à son aide , mais je ne veux pas y consentir. Je demande à ne plus faire partie de lui-même. Si c'est bien vrai que l'homme et la femme ne font qu'un, pourquoi en faites-vous deux êtres séparés d'intérêts et tout-à-fait distincts , surtout après qu'ils ont commencé les affaires ensemble. Vous direz que c'est pour sauver l'avoir des enfants, mais vous ne voyez pas que le déshonneur les empêchera désormais d'avoir la confiance du public, qu'ils ne pourront plus rien gagner , que vous leur êtes plutôt nuisibles qu'utiles.

Pourquoi laisser un père doter impunément ses filles au détriment de ses créanciers ?

Ceci me porte à faire mention de la contrainte par corps que l'on vient d'abolir parce que l'on voulait abolir la prison pour dettes. Il fallait abolir la prison pour dettes , mais il fallait laisser la contrainte par corps, sinon les débiteurs se moquent de leurs créanciers, ce qui abâtardit les sentiments d'honneur et de probité. Que me fera-t-on ? dit le débiteur ; et le voilà fumant dans la pipe Kummer ou passant en voiture à la barbe de ses fournisseurs appauvris; le voilà allant au café en faisant inscrire ses consommations, qu'il ne payera jamais ; le voilà allant chez le tailleur, le boucher et le boulanger, toujours dans l'intention de ne pas payer, ruinant ainsi le petit commerce, qui, son à tour ruine le grand ; oui, il fallait laisser la contrainte et former un corps de dettiers sous la conduite d'hommes spéciaux pour arranger les routes, pour travailler aux champs dans les domaines de l'Etat ou pour réparer les chemins vicinaux et ruraux qui en ont grand besoin, surtout dans le midi de la France; et là le gouvernement les payera 2 francs par jour et gardera une retenue qui sera plus tard distribuée aux créanciers. Chaque dettier fera un temps de travail proportionné à sa dette : 1000 francs, 6 mois, 500 francs 3 mois, 250 francs 1 mois et demi, ceci approximativement.

X.

En ce qui concerne la religion il n'y a point de réformes à faire que de la séparer de l'Etat et la laisser libre.

J'ai toujours été étonné de voir les hommes parler beaucoup de religion et agir comme s'ils n'en avaient pas.

A quoi sert-il à un homme de connaître les livres sacrés, s'il n'en met pas la morale en pratique, s'il n'a pas cette charité pour les autres, dont parlent les apôtres du Christ ?

A quoi bon connaître l'Héraclide, poème sacré sur les 12 mois de l'année, sur le culte du soleil adoré comme Bacchus, les légendes, les fables sacrées, si vous ne travaillez pas à faire disparaître la misère qui promène par nos rues ses enfants affamés en faisant retentir les airs de lugubres complaintes.

Il ne s'agit pas d'examiner s'il faut ou non une religion ; il s'agit de mettre en pratique ce qu'elle enseigne.

C'est une maladie incurable provenant de la faiblesse humaine qu'il serait inutile de chercher à guérir. Une histoire des religions dans les différentes sociétés serait le tableau le plus effrayant que l'homme pût avoir de son délire, parce qu'on n'est pas entré dans le domaine des faits et des forces humaines bien dirigées ; c'est comme la vapeur mal conduite, elle produit l'incendie ; il s'agit de faire une religion nouvelle, celle qui ne parle pas tant, mais qui agit beaucoup plus qu'on ne le fait aujourd'hui.

Peu importe que vous soyez l'ennemi acharné de toute superstition, que vous aimiez le surnaturel ou n'obéissiez qu'à la raison comme Voltaire, ou que vous soyez un rêveur halluciné croyant vivre dans un monde invisible, parlant au monde actuel un langage obscur ; il faut des faits et non des momeries, il faut des réformes qui aboutissent à diminuer la misère ; autrement votre religion est au rang de celles qui font tourner des tables ou écrire des guéridons, de ceux qui consultent les charlatans pour découvrir des trésors, avoir de bonnes récoltes ou conjurer les mauvais sorts, de ceux qui interrogent un saladier ou enfouissent des pommes sous un noyer pour se préserver des verrues. Les superstitions , comme les religions, sont aussi vieilles que le monde. La religion saisit l'enfant qui vient de naître, elle préside à son éducation , elle met son sceau aux engagements les plus importants qu'il pourra contracter dans sa vie, elle entoure le lit du mourant, le conduit au tombeau et le suit encore au-delà du trépas par l'illusion ou l'espérance ; mais elle ne travaille pas dans les détails de sa vie positive et sensuelle à lui procurer une existence facile à supporter, elle ne s'occupe pas en le berçant de miracles si sa raison n'en est pas dégradée et si la misère ne vient pas en faire un être dangereux pour la société , quand cette société n'agit pas , envers lui , comme elle aurait dû le faire.

Il ne faut pas accepter de pareilles inconséquences , il faut entrer résolument sur le terrain de la justice, de la raison et de l'équité. La foi sans les œuvres est morte.

XI.

Proudhon , par ses enseignements élevés et sa logique serrée, a fait trembler le monde savant, mais il n'a pas contribué à faire la plus petite réforme. On pourrait lui dire comme Agrippa à St-Paul : Ton grand savoir te met hors de sens. Voyez Platon dans sa république imaginaire, quand il a défrayé toutes les fictions sociales , imaginé ce qu'il y a de plus consolant, quand il a fait les plus beaux rêves, il n'a rien créé, que des idéologues. Vous pouvez discuter inutilement sur le terrain de la politique et de la religion spéculative , peu nous importe que la transsubstantiation ou l'Immaculée-Conception soient des doctrines fausses ou vraies, cela ne donne pas du pain ; que me fait l'opinion des déistes, des panthéistes, des chrétiens, des réformés, des quakers? à quoi me sert la prédestination, l'élection ? ai-je avancé d'un pas quand je crois que le diable a existé comme Dieu de toute Eternité , à quoi bon être orthodoxe ou libéral ? Mes frères en retirent-ils quelque chose ? Ils deviennent fanatiques au lieu de devenir des citoyens utiles à leur pays.

L'antiquité payenne avait compris qu'il fallait des faits : elle avait imaginé l'idée fantastique d'un dieu pour chaque besoin ; les prêtres se faisaient apporter des biens matériels en holocauste et la vertu se résumait dans la valeur des sacrifices. Moïse promit à son peuple une terre fertile , lui persuada qu'il était l'élu de Dieu , malgré ses lois sans entrailles , œil pour œil , dent pour dent, il passa pour grand législateur.

XII.

Ceux qui confondent le matérialisme avec les angoisses de la faim (j'appelle les angoisses de la faim, les privations de toutes sortes) croiront qu'en affirmant qu'il faut des faits je ne suis qu'un piètre matérialiste , comme si l'homme peut vivre de pain seulement, je proteste contre ce genre de spiritualisme qui se refuse à donner le nécessaire à ceux qui sont dans le besoin et ne leur offre que des discours ; le propre des spiritualistes c'est l'égoïsme ; quand ils voient que la terre leur manque , ils s'attrappent au ciel, on en trouve qui voudraient même jouir à la fois des richesses terrestres et de la béatitude des cieux; ils vivent en général de la timidité publique et ont intérêt à l'entretenir par des spectres blancs, rouges ou noirs, seules ces sangsues de la société se croient honnêtes , traitent le pauvre de canaille , ne veulent pas entendre parler de réformes parce que le hasard leur a fait une belle part et qu'ils sont satisfaits de ce qui existe ; on voit, du reste, bien des familles riches autrefois pauvres aujourd'hui et vice-versa, aussi l'intérêt personnel domine nos contemporains et les préoccupe vivement dans toutes les couches sociales : la spéculation à la bourse est descendue aux plus bas étages des positions, les concierges, les domestiques jouent sur les fonds publics surtout depuis le dernier emprunt. On a d'ailleurs bien fait de faire des coupures de 5 francs de rentes; c'est par des moyens semblables qu'on arrive à obtenir la plus grande masse des citoyens intéressés à la conservation des domaines de l'Etat et des citoyens qui le composent. On est devenu joueur en grand ou en petit, ce qui le prouve, c'est que le triomphe de la souscription de notre emprunt de 3 milliards est dû bien plus à la spéculation qu'à l'abondance des capitaux , qu'à la confiance que les étrangers avaient pour nous, à tel point que le ministre vient d'obliger les souscripteurs à s'exécuter ; la plus grande quantité n'avaient opéré que le premier versement de 14 50 sur 84 50. On a reconnu que ce n'est pas celui qui travaille le plus qui gagne le plus ; on s'est tourné du côté de la bourse, de telle sorte que certains filous créent des sociétés pour tromper le public comme les araignées tendent leurs toiles pour gober les mouches. Il n'y a plus aujourd'hui de voleurs de grands chemins ; ils sont à la tête de ces administrations qu'on appelle société industrielle , ports et terrains de Cadix, Crédit foncier Suisse, l'Union métallurgique, les Asturies, les Honduras, le Crédit communal de France et tant d'autres qu'on ne peut pas encore nommer. L'Etat devrait les tenir toutes sous sa surveillance sinon le crédit public marchera à la dérive. La rente sur l'Etat , quelques valeurs autrichiennes ou françaises sont le point de mire de la grande spéculation qui marche plus vite que le baccarat ou le trente et quarante ; les ordres de la province arrivent en masse à Paris, le fil est parfois encombré , de telle sorte que les fortunes sont plus mobiles qu'autrefois; le peuple aisé qui peut atteindre aux mouvements de la bourse est pris du même vertige que les rentiers ; nous avons appris tout dernièrement que la bourse de Vienne était fermée faute de combattants, les boursicautiers s'étaient pris aux cheveux.

En Prusse on s'est tellement lancé dans les entreprises financières ou commerciales , on a tellement joué en liquidation , que le pays est devenu la proie d'une crise financière interminable. L'Amérique a fait trembler le monde par ses nombreuses faillites. Tout cela vient à l'appui de ce que j'ai avancé. Cependant ce désir de posséder n'est pas un mal pour l'ensemble des peuples, c'est à chaque individu à se tenir avisé pour ne pas se laisser entraîner par ce courant périlleux bordé de soie et d'or.

XIII.

L'homme se fait facilement illusion quand il est dans le bien-être ; il ne lui semble pas possible quand il a dîné qu'il y ait des gens affamés ; on est disposé à rejeter la faute de cette pauvreté sur ceux qui y sont plongés, on ne regarde pas si la nature leur a refusé une cervelle bien construite ou une santé robuste, la réponse ordinaire se traduit par le mot sauvage : tant pis pour lui ; on va même jusqu'à leur reprocher un délassement quelconque ou un léger plaisir. On sait bien que celui-ci n'est pas capable de faire le commerce ou de s'enrichir en faisant faux poids ou fausse mesure, en falsifiant les marchandises, en volant le public, que celui-là n'est pas capable de faire tel travail mieux rétribué que d'autres, on comprend qu'il sera toujours pauvre parce que la nature lui a refusé certaines capacités exigées par la société pour s'y faire une place ou bien que le manque d'instruction que ses parents n'ont pu lui donner ou que l'Etat n'a pas su donner gratuitement sont la cause de sa misère ; c'est donc la société qui lui doit aide et protection en cas de besoin. D'un autre côté , combien de fois ne voit-on pas les denrées ou certains produits alimentaires augmenter du double par l'accaparement des vivres ou la mauvaise récolte sans que le prix de la journée des ouvriers augmente, ce qui écrase l'ouvrier et enrichit le commerçant. Il y a donc à faire quelque chose pour ces classes pauvres qui sont la résultante des maux de la société.

XIV.

Messieurs les conservateurs, attelez-vous au char du progrès, examinez mes propositions, retenez ce qui vous paraîtra bon et favorisez-en l'accomplissement par vos votes. Ne regardez plus en arrière si vous ne voulez pas être changés en statues de la république et qu'à la manière des oracles antiques vous ne rendiez des décrets intempestifs par votre bouche de plâtre. Comptez sur la conscience publique qui est la voix de Dieu pour établir la république universelle ayant pour capitale Constantinople ; c'est l'unique espoir qui reste à l'humanité pour éteindre les guerres de peuples à peuples occasionnées par leurs rois, rappelez-vous que c'est la conscience courroucée qui apprit à la noblesse corrompue qu'il ne fallait viser qu'à la noblesse du cœur et vous fit ce que vous êtes : des hommes libres.

C'est la conscience publique blessée par la vente des indulgences qui amena la réforme , c'est la conscience publique indignée qui fit la guerre de la scission et détruisit la traite des noirs, c'est la conscience française humiliée qui décréta la déchéance des Napoléon et simultanément renversa l'échasse sur laquelle était perchée la statue du premier de ces parjures. Ne craignez pas qu'elle renverse jamais la colonne de juillet , ni le piédestal de Jacquard.

Il est de notoriété publique que les intrigues qui ont fait déclarer la guerre contre la Prusse n'avaient pas d'autre but que le relèvement du pouvoir temporel du Pape et tout dernièrement comme planche de salut on a eu recours aux miracles de commandes pour faire prédire la venue du Roy..

On sait que l'équilibre européen serait bien assis s'il plaisait un jour aux clergymens de ne plus se dire oppressés quand ils ne gouvernent pas. La liberté, la grande liberté de l'Amérique, la liberté pour tous., ne peut leur suffire ; il leur faut plus encore : par leur tendance à exercer une autorité subversive, ils se sont attirés les persécutions, puis ils ont l'air d'en être étonnés ; dans les jérémiades qu'ils donnent à leurs coopérateurs, ils attribuent la cause de leurs déceptions à l'impiété du siècle, aux républicains ou aux amis des autres princes. On ne trouve pourtant rien dans les évangiles qui autorise les disciples du Christ à s'attacher aux choses de la terre, il y est dit au contraire de ne regarder qu'aux choses d'en haut. Pourquoi d'un bout de l'Europe à l'autre n'entend-on qu'un seul cri : guerre à l'Eglise ? C'est évidemment que la conscience publique se soulève en voyant des hommes atteints de la rage d'être les maîtres des autres hommes, en voyant les cléricaux atteints d'une démence telle qu'ils travaillent à éteindre les lumières de l'instruction pensant mieux gouverner en face de l'ignorance, se faisant détester à tel point que les peuples et les gouvernants sont unanimes pour les traquer. Il en serait autrement si ces célibataires restaient dans leurs véritables missions et s'ils faisaient de leurs corps des temples vivants de la vertu. La religion y gagnerait et eux aussi.

La conscience ne se soulève jamais contre ce qui est juste et bon, mais elle s'élève toujours contre ce qui est mal ; l'autorité la meilleure, c'est la conscience, c'est le seul maître que le peuple veut servir.

XV.

En conséquence, s'il arrive que les hommes auxquels vous avez confié le soin de nos destinées restent sourds à mes faibles appels, ils prépareront un avenir de tempêtes que nul ne peut mesurer, tandis qu'au moyen de légers sacrifices d'opinions, les plus instruits pourraient aider notre gouvernement à opérer les réformes propres à rétablir au milieu de nous la concorde et la paix qui, sans nous donner l'âge d'or, nous ferait obtenir cette sécurité, cette fraternité, cette stabilité gouvernementales, qui entraînent tant de bienfaits avec elles , multiplient les richesses publiques qui se répandent ensuite par mille canaux divers sur la population entière de la nation.

Quoiqu'il en soit, nous, républicains, n'oublions jamais que si le peuple grec est devenu l'initiateur du genre humain, c'est grâce à cette grande idée de la République qui résume tous les principes de la morale sociale, à cette grande idée de la République qui est la terre sainte pour ceux dont la civilisation est le culte, mais qui jusqu'à ce jour n'a eu chez nous que des aspirants ou des martyrs.

Vous, royalistes , qui dites que la république est le gouvernement des utopistes , résignez-vous, vous serez en minorité. Mais vous êtes trop honnêtes pour ne pas vous soumettre. Du reste, avec un peu de bonne volonté, cela vous sera facile parce que vous voyez que les républicains ne détruisent ni les lois fondamentales, ni les croyances , et qu'en proclamant le culte de l'humanité, ils affirment celui de la famille et de la patrie ; ils savent que la fraternité n'est pas basée sur l'étendue d'un territoire et ne défend pas de fusionner avec les voisins, au fur et à mesure que la république s'agrandira vous n'aurez plus de guerres pour des motifs futiles ou mystérieux , vous aurez la tranquillité. La république, témoin la Suisse, ne produit pas l'anarchie comme vous cherchez à le faire entendre, ou comme on vous l'a fait accroire ; vous pouvez en juger en ouvrant les yeux sur celles qui existent depuis longtemps, desquelles tous les peuples sont jaloux. Ne vous opposez pas à l'organisation de la république, le peuple sait souffrir quand ses maux sont l'œuvre de la Providence, mais il est rebelle quand ils sont l'œuvre de quelques grands seigneurs. C'est ainsi que les Siciliens dansent sur les laves encore fumantes qui viennent d'engloutir leurs moissons en méditant quelques vengeances.

Je dis plus : bon nombre de ceux qui espèrent arriver aux emplois par leurs protecteurs, sous le règne des Princes, se font républicains quand une bonne fois la république est assise ; les capitaux même se font républicains. Les capitalistes savent que la Banque de France n'a jamais été pillée, même sous les jours les plus sombres, et nos rentes, en ce moment, sont presque à leur apogée, ce qui est une preuve de la confiance des financiers.

Laissez donc la république s'établir, ne la combattez pas comme les carlistes le font en Espagne, vous voyez déjà que l'essai loyal produit un bon effet, contentez-vous du septennat et vivez paisiblement, repoussez la chimère des idoles parées que vous appelez rois ou empereurs, parce qu'il est certain qu'on ne peut pas plus rétablir la monarchie en France que de bâtir un palais sur la nuée qui court, par les motifs suivants : que la monarchie, surtout celle du droit divin, nous rejetterait en arrière ; voici déjà trois fois que le peuple prouve que cette politique est contraire à ses désirs et à ses tendances.

Tous les défenseurs du droit divin sont obligés, dans leurs thèses surannées, de se reporter en arrière, de citer les auteurs les plus anciens : semblables à ces vieillards qui ne peuvent être compris de leurs petits enfants parce qu'ils ne leur parlent que de choses d'une autre époque , c'est en se présentant comme le type de l'ordre social qu'ils lancent l'anathème et vomissent l'injure, qu'ils rappellent les tempêtes sociales à dessein pour en rejeter l'effet sur les réformateurs modernes, comme si l'église n'avait pas à son passif : l'inquisition et la St-Barthélemy; ils s'efforcent en vain de proclamer que la demande de certaines réformes qu'ils appellent la révolution supprime la hiérarchie civile des forces sociales comme si l'existence de l'Amérique républicaine, sans la lèpre cléricale au pouvoir, n'était pas présente à tous les esprits pour leur donner le plus sec démenti, prouvant au monde entier que le gouvernement du peuple par le peuple n'empêche pas de croire en Dieu ; il est aisé de voir qu'au fond le droit divin existe , quel que soit le mode de gouvernement adopté, toutefois, en république, il est transféré à la volonté générale exprimée par le vote universel, au lieu d'être confié à un seul homme : la voix du peuple, c'est la voix de Dieu, et, quoiqu'on en dise, l'antiquité et l'universalité de la croyance des peuples qui se sont laissés éblouir par un diadème ou intimider par un plumet, n'obligent pas les générations qui les succèdent à errer dans leurs labyrintes au lieu de suivre des voies larges et faciles à parcourir.

C'est ainsi qu'une soirée d'hiver quand le vent souffle en faisant tourbillonner les feuilles qui tombent, ne saurait être préférée par personne à l'une de ces belles matinées du printemps qui transportent l'âme de bonheur, parce que l'une rappelle le passé et la décroissance et l'autre représente la vie et l'avenir.

XVI.

Enfin, vous tous, Français conservateurs, enfants de cette grande famille de Francs, dont le nom est synonyme de loyauté et de liberté, je fais appel à votre patriotisme pour nous rencontrer sur le terrain qui nous divise le moins. La doctrine de la république, c'est l'amour des uns pour les autres ; son programme c'est le bien-être de tous.

Laissez-moi vous rappeler une scène mémorable de deux époux qui ne pouvaient plus vivre ensemble ; ils avaient résolu de se séparer, ils procédaient déjà au partage de leur mobilier, puis en présence d'un objet également cher à tous les deux, ils s'arrêtèrent : c'était le berceau de leur enfant, que l'ange de la mort leur avait enlevé ; ils se regardèrent, et les yeux pleins de larmes, ils se jetèrent dans les bras l'un de l'autre. Nous tous, Français, la France n'est-elle pas notre berceau ? L'union du bleue, du blanc, du rouge n'est-elle pas notre drapeau ? Ne soyons pas exclusifs, unissons-nous et répétons ensemble du fond du cœur : vive la République modérée, parlementaire, la République républicaine, à moins que vous ne fassiez comme au siége de Caderousse : Le fifre avait donné les meilleures idées, mais l'état-major les repoussa parce qu'elles provenaient, en langage incorrect, du plus inférieur des combattants. J'ai dit.

On est prié d'écrire à l'éditeur, M. CHAUTARD, à Nîmes, pour se faire adresser la quantité d'exemplaires que l'on désire répandre (adresser le montant par la Poste.)

Nîmes. — Imp, J. Roumieux, boulevart des Calquières, 10.